RESÂİL-İ AHMEDİYYE
-29-

SALEVÂT-I KÜBRÂ
KÜN FEYEKÛN DUÂSI
MEŞÎET DUÂSI
RIZIK DUÂSI

Ahmet Mahmut ÜNLÜ
(Cübbeli Ahmet Hoca)

Seri İsmi	Resâil-i Ahmediyye
Seri No	29
Kitap İsmi	Salevât-ı Kübrâ
Yazar	Ahmet Mahmut Ünlü (Cübbeli Ahmet Hoca)
Kapak Tasarım	Tuana Basın Yayın
Mizanpaj	Tuana Basın Yayın
Baskı	8. Baskı 09.01.2015
ISBN	978-605-85474-3-8
Baskı ve Cilt	Step Ajans Rek. Mat. Tan. ve Org. Ltd. Şti Göztepe Mah. Bosna Cad. No.11 Mahmutbey-Bağcılar-İST. Tel. : (0212) 446 88 46 Matbaa Sertifika No. 12266
Yayınlayan	Tuana Basın Yayın
Yayıncı Sertifika	28799
İletişim	444 34 68 Çınar Mah. Osman Gazi Cad. No: 50 Bağcılar / İSTANBUL

Bu eserin tüm hakları saklıdır

SALEVÂT-I KÜBRÂ
KÜN FEYEKÛN DUÂSI
MEŞÎET DUÂSI
RIZIK DUÂSI

Câmi'i
Abdurrahîm Yûsuf

Mütercim:
Ahmet Mahmut ÜNLÜ
(Cübbeli Ahmet Hocaefendi)

SALEVÂT-I KÜBRÂ

ÖNSÖZ

Ancak O'ndan yardım isteriz. O **Aliy** ve **Azîm** olan **Allâh**'ın yardımı olmadan hiçbir günahtan dönüş ve hiçbir ibâdete kuvvet yoktur.

Bütün hamdler âlemlerin Rabbi olan **Allâh**'a mahsustur.

Ey **Allâh**! Efendimiz ve sahibimiz olan, kutupların kutbu, gavsların gavsı, İlâhî kitabların icmâlinin icmâli, efrâdın ferdi (makamlarında tek olan peygamberler ve velîlerin bir teki), âhâdın vâhidi (hallerinde bir olan peygamberler ve velîlerin biriciği), nûr-u meknûn (gizli nur), sırr-i masûn (korunmuş sır), bütün nurların kendisinden fışkırdığı zat,

SALEVÂT-I KÜBRÂ

tüm sırların kendi mâhiyetinin künhünden oluştuğu zat, istinâd ve medâr (dayanış ve dönüş) ancak kendisine âit olan sığınak, şâfi' ve müşeffa' (şefaatçi ve şefaati makbul), gece ve gündüz saatlerinde **Allâh**'ı gerçek mânâda zikredici sadece kendisi olan o **Muhammed**'e salât ve selâm eyle.

O **Muhammed**'e ve âl-i ashâbına öyle bir salât ve selâm eyle ki, onunla bizi bütün fitnelerden ve yabancılardan koruyasın ve o sayede bizden bütün günahları ve ağır yükleri silesin. Âmîn.

24-Ekim-2008

25-Şevval 1429

Bu salevât-ı şerîfeyi nakleden **Abdurrahim Yûsuf Hazretleri, Allâh-u Te'âlâ** kendisinden razı olsun.

SALEVÂT-I KÜBRÂ

EN BÜYÜK SALÂTLAR

SALEVÂT-I KÜBRÂ

اَلصَّلَوَاتُ الْكُبْرَى وَفَضَائِلُهَا

رُوِىَ عَنْ عَبْدِ اللهِ بْنِ عَبَّاسٍ رَضِيَ اللهُ تَعَالَى عَنْهُمَا أَنَّهُ قَالَ: "كَانَ النَّبِيُّ صَلَّى اللهُ تَعَالَى عَلَيْهِ وَسَلَّمَ جَالِسًا ذَاتَ يَوْمٍ فِى مَسْجِدِ الْمَدِينَةِ إِذْ نَزَلَ عَلَيْهِ جِبْرِيلُ عَلَيْهِ السَّلَامُ فَقَالَ: "يَا مُحَمَّدُ! رَبُّكَ يُقْرِئُكَ السَّلَامَ وَيَخُصُّكَ بِالتَّحِيَّةِ وَالْإِكْرَامِ وَإِنِّى قَدْ جِئْتُكَ بِهَدِيَّةٍ مِنْهُ تَعَالَى لَمْ يُهْدِهَا لِأَحَدٍ مِنْ قَبْلِكَ وَلَا مِنْ بَعْدِكَ وَهِىَ الصَّلَوَاتُ الْكُبْرَى. يَا مُحَمَّدُ! مَنْ قَرَأَ هَذِهِ الصَّلَوَاتِ دَفَعَ اللهُ عَنْهُ سَبْعِينَ أَلْفَ بَابٍ مِنَ الْبَلَاءِ وَيُنْجِيهِ

SALEVÂT-I KÜBRÂ

مِنْ أَهْوَالِ يَوْمِ الْقِيَامَةِ" قُلْتُ: "يَا أَخِى يَا جِبْرِيلُ! أَيُعْطَى هَذَا النَّعِيمُ لِمَنْ قَرَأَ هَذِهِ الصَّلَوَاتِ؟" قَالَ: "وَلَوْ قَرَأَهَا فِى عُمْرِهِ ثَلَاثَ مَرَّاتٍ أَعْطَاهُ اللهُ ثَوَابَ مَنْ قَرَأَ التَّوْرَاةَ وَالْإِنْجِيلَ وَالزَّبُورَ وَالْفُرْقَانَ، وَبِحَقِّ إِبْرَاهِيمَ الْخَلِيلِ وَمُوسَى الْكَلِيمِ وَعِيسَى رُوحِ اللهِ الْأَمِينِ." فَقَالَ صَلَّى اللهُ عَلَيْهِ وَسَلَّمَ: "يَا أَخِى يَا جِبْرِيلُ! هَذَا كُلُّهُ لِمَنْ يَقْرَأُ هَذِهِ الصَّلَوَاتِ؟" فَقَالَ: "إِنَّ اللهَ تَعَالَى خَلَقَ مَلَكًا لَهُ ثَمَانُونَ أَلْفَ جَنَاحٍ فِى كُلِّ جَنَاحٍ سَبْعُونَ أَلْفَ رِيشَةٍ وَلَهُ سَبْعُونَ أَلْفَ

SALEVÂT-I KÜBRÂ

رَأْسٍ فِى كُلِّ رَأْسٍ سَبْعُونَ أَلْفَ فَمٍ فِى كُلِّ فَمٍ سَبْعُونَ أَلْفَ لِسَانٍ كُلُّ لِسَانٍ يَحْمَدُ اللهَ تَعَالَى وَيُسَبِّحُهُ وَيَقُولُ فِى تَسْبِيحِهِ: "سُبْحَانَ مَنْ لَا يَعْلَمُ كَيْفَ هُوَ اللهُ اِلَّا هُوَ" فَإِنَّ الْبَارِىَ جَلَّ شَأْنُهُ يَنْظُرُ لِلْمَلَكِ فَيَخِرُّ سَاجِدًا لِلهِ تَعَالَى فَيَقُولُ لَهُ: "اِرْفَعْ رَأْسَكَ فَقَدْ وَكَّلْتُكَ بِصَاحِبِ هَذِهِ الصَّلَوَاتِ الَّذِى قَرَأَهَا عَلَى حَبِيبِى مُحَمَّدٍ صَلَّى اللهُ تَعَالَى عَلَيْهِ وَسَلَّمَ بِأَنْ تَحْرُسَهُ مِنْ كُلِّ آفَةٍ وَعَاهَةٍ" قُلْتُ: "هَذَا كُلُّهُ لِمَنْ قَرَأَ هَذِهِ الصَّلَوَاتِ؟" قَالَ: "نَعَمْ يَا مُحَمَّدُ."

SALEVÂT-I KÜBRÂ

İmâm-ı Cüneyd *(Radıyallâhu Anh)* dan nakledilen şerhe göre; **Abdullâh ibni Abbâs** *(Radıyallâhu Anhumâ)* şöyle demiştir:

Peygamber *(Sallallâhu Aleyhi ve Sellem)* bir gün Medîne mescidinde oturuyorken, **Cibrîl** *(Aleyhisselâm)* yanına gelerek:

"Yâ **Muhammed**! Rabbin sana selâm söylüyor, seni tahiyye ve ikram ile tahsis buyuruyor.

Şüphesiz ben sana O'nun katından bir hediye getirdim ki, onu senden evvel kimseye hediye etmedi, senden sonra da kimseye hediye etmeyecek.

İşte o, salevât-ı kübrâ (en büyük salâtlar)dır.

Ey **Muhammed**! Kim bu salevâtı okursa **Allâh-u Te'âlâ** ondan yetmişbin çeşit belayı defeder ve onu kıyamet gününün şiddetlerinden kurtarır" dedi.

SALEVÂT-I KÜBRÂ

O zaman ben: "Ey kardeşim! Ey **Cibrîl**! Bu nimetler, bu salevâtı okuyan kimseye verilecek mi?" deyince o:

"Ömründe üç kere okuyana dahi **Allâh-u Te'âlâ** Tevrât'ı, İncîl'i, Zebûr'u, ve Furkân'ı okuyan kimsenin sevabını verir.

İbrahîm Halîl, Mûsâ Kelîm ve **Îsâ Rûhullâhi'l-Emîn** hakkı için bu böyledir" dedi.

O zaman **Rasûlüllâh** *(Sallallâhu Aleyhi ve Sellem)*: "Ey kardeşim, Ey **Cibrîl**! İşte bütün bunlar, bu salevâtı okuyana mı aittir" diye sorunca o:

"Muhakkak **Allâh-u Te'âlâ** öyle bir melek yaratmıştır ki onun seksenbin kanadı vardır, herbir kanatta onun yetmişbin tüyü vardır.

Onun yetmişbin başı vardır ki her başta yetmişbin ağız, her ağızda da yetmişbin dili vardır.

SALEVÂT-I KÜBRÂ

Her lisan **Allâh-u Te'âlâ**'ya hamd ve tesbihte bulunur ve tesbihinde: 'O **Allâh**'ın nasıl olduğunu Kendisinden başka kimsenin bilemeyeceği Zatı tesbih ederim' der.

Şüphesiz ki **Bârî Celle Şânühû** o meleğe tecellî eder, o da **Allâh-u Te'âlâ**'ya secdeye kapanır.

Allâh-u Te'âlâ ona:

"Başını kaldır, muhakkak Ben seni Habîbim **Muhammed** *(Sallallâhu Aleyhi ve Sellem)*e bu salevâtı okuyan kimseyi her âfet ve musîbetten korumanla görevlendirdim" buyurur.

O zaman ben: "Bütün bu müjdeler, bu salevâtı okuyana mı aittir?" dediğimde **Cibrîl** *(Aleyhisselâm)*:

"Evet yâ **Muhammed**!" dedi. *(Abdurrahîm Yûsuf, es-Salevâtü'l-kübrâ, 10-12)*

Sâlihlerin birinden nakledildiğine göre; bu salâtın ilginç bir kıssası vardır.

SALEVÂT-I KÜBRÂ

Buna göre kebâir günahların en büyüklerinden birini işlemiş olan bir kadın vicdânen rahatsız olarak, o günahı işlediği beldede duramamış, başka bir şehire girmek zorunda kalmış, sonra Şeyh **Cüneyd**'e giderek ona yaptığı günahı anlatmış ve bir tevbesi olup olmayacağını sormuş.

Şeyh **Cüneyd** *(Kuddise Sirruhû)* ona: "Tabi senin tevben kabul olur" demiş. Sonra ona tevbe etmesini emretmiş ve tevbesinde sebat edeceğine dair ondan ahd-ü mîsâk almış.

O kadın en güzel bir tevbeyle **Allâhu Te'âlâ**'ya rucû edince, o ona bu salevâtkübrâyı öğretmiş ve her cuma gecesi bu salâtı okumasını emretmiş. O da yedi cuma bu salâtı okumuş.

Son cuma okuduktan sonra vefat ederek **Allâh-u Te'âlâ**'nın rahmetine intikal etmiş.

SALEVÂT-I KÜBRÂ

Onu gömmelerinin ardından çok zaman geçmeden Şeyh **Cüneyd** oğluna gitmiş ve annesinin (günahının onu da alâkadar eden bir konu olması hasebiyle çocuğun yapması gereken bir vazife bulunduğu için annesinin günahını ve) tevbesini haber vermiş.

Bu durumu öğrenmekten çok rahatsız olan oğlu mânâ âleminde annesini büyük bir tahtın üzerinde uyur vaziyette görmüş. Yanında yetmiş hizmetçi varmış.

O delikanlı bu büyük nimeti görünce ona: "Ey anneciğim! Sen bu kadar büyük günah yapmışken bu yüksek mertebeye nasıl nail oldun?" demiş.

O da ona: "Oğlum! Ben **Allâh-u Teâlâ**'ya tevbe ettim. Bu kavuştuğum derece ise **Nebî** *(Sallallâhu Aleyhi ve Sellem)*e okuduğum salevât-ı kübrâ bereketiyledir" demiş.

Çocuk annesine: "Ey anneciğim! Sen ne okuyordun?" demiş. Annesi de:

SALEVÂT-I KÜBRÂ

"Evlâdım! Şeyh **Cüneyd** bana bu salâtı öğretti, ben de onun bereketiyle bu büyük nimete erdim, sen ona git ki sana **Rasûlüllâh** *(Sallallâhu Aleyhi ve Sellem)*e yapacağın bu salâtları öğretsin" demiş.

Çocuk Şeyh **Cüneyd**'e vardığında ondan da tevbe sözü almış ve bu salevât-ı kübrâyı talim etmiş.

Ulemânın beyanına göre; şüphesiz ki **Allâh-u Te'âlâ** bu salevât ile salât yapana, hiçbir göz görmedik, hiçbir kulak işitmedik ve hiçbir beşerin hatırından geçmedik nimetler verecektir.

Herhangi bir kul ömründe onbeş kere bu salevâtı okursa kıyamet günü olduğu zaman yüzü dolunay gibi olur ve onun çok büyük bir derecesi olur. *(Abdurrahîm Yûsuf, es-Salevâtü'l-kübrâ, 12-17)*

Ayrıca bu salevâtı okuyanlar, **Rasûlüllâh** *(Sallallâhu Aleyhi ve Sellem)* e yüz on milyon salât-ü selâm okumuş olurlar.

SALEVÂT-I KÜBRÂ

اَلصَّلَوَاتُ الْكُبْرَى

"أَلْفُ أَلْفِ صَلَاةٍ وَأَلْفُ أَلْفِ سَلَامٍ عَلَيْكَ يَا سَيِّدَ الْمُرْسَلِينَ، أَلْفُ أَلْفِ صَلَاةٍ وَأَلْفُ أَلْفِ سَلَامٍ عَلَيْكَ يَا سَيِّدَ النَّبِيِّينَ، أَلْفُ أَلْفِ صَلَاةٍ وَأَلْفُ أَلْفِ سَلَامٍ عَلَيْكَ يَا سَيِّدَ الصَّادِقِينَ، أَلْفُ أَلْفِ صَلَاةٍ وَأَلْفُ أَلْفِ سَلَامٍ عَلَيْكَ يَا سَيِّدَ الرَّاكِعِينَ، أَلْفُ أَلْفِ صَلَاةٍ وَأَلْفُ أَلْفِ سَلَامٍ عَلَيْكَ يَا سَيِّدَ السَّاجِدِينَ، أَلْفُ أَلْفِ صَلَاةٍ وَأَلْفُ أَلْفِ سَلَامٍ عَلَيْكَ يَا سَيِّدَ الْقَاعِدِينَ، أَلْفُ أَلْفِ صَلَاةٍ وَأَلْفُ أَلْفِ سَلَامٍ

SALEVÂT-I KÜBRÂ

عَلَيْكَ يَا سَيِّدَ الْقَائِمِينَ، أَلْفُ أَلْفِ صَلاَةٍ وَأَلْفُ أَلْفِ سَلاَمٍ عَلَيْكَ يَا سَيِّدَ الْمُصَلِّينَ، أَلْفُ أَلْفِ صَلاَةٍ وَأَلْفُ أَلْفِ سَلاَمٍ عَلَيْكَ يَا سَيِّدَ الذَّاكِرِينَ، أَلْفُ أَلْفِ صَلاَةٍ وَأَلْفُ أَلْفِ سَلاَمٍ عَلَيْكَ يَا سَيِّدَ الشَّاهِدِينَ، أَلْفُ أَلْفِ صَلاَةٍ وَأَلْفُ أَلْفِ سَلاَمٍ عَلَيْكَ يَا سَيِّدَ الْأَوَّلِينَ، أَلْفُ أَلْفِ صَلاَةٍ وَأَلْفُ أَلْفِ سَلاَمٍ عَلَيْكَ يَا سَيِّدَ الْآخِرِينَ، أَلْفُ أَلْفِ صَلاَةٍ وَأَلْفُ أَلْفِ سَلاَمٍ عَلَيْكَ يَا رَسُولَ اللهِ، أَلْفُ أَلْفِ صَلاَةٍ وَأَلْفُ أَلْفِ سَلاَمٍ عَلَيْكَ يَا نَبِيَّ اللهِ، أَلْفُ أَلْفِ

SALEVÂT-I KÜBRÂ

صَلَاةٍ وَأَلْفُ أَلْفِ سَلَامٍ عَلَيْكَ يَا حَبِيبَ اللهِ،
أَلْفُ أَلْفِ صَلَاةٍ وَأَلْفُ أَلْفِ سَلَامٍ عَلَيْكَ يَا
مَنْ أَكْرَمَهُ اللهُ، أَلْفُ أَلْفِ صَلَاةٍ وَأَلْفُ أَلْفِ
سَلَامٍ عَلَيْكَ يَا مَنْ عَظَّمَهُ اللهُ، أَلْفُ أَلْفِ
صَلَاةٍ وَأَلْفُ أَلْفِ سَلَامٍ عَلَيْكَ يَا مَنْ شَرَّفَهُ
اللهُ، أَلْفُ أَلْفِ صَلَاةٍ وَأَلْفُ أَلْفِ سَلَامٍ عَلَيْكَ
يَا مَنْ أَظْهَرَهُ اللهُ، أَلْفُ أَلْفِ صَلَاةٍ وَأَلْفُ أَلْفِ
سَلَامٍ عَلَيْكَ يَا مَنِ اخْتَارَهُ اللهُ، أَلْفُ أَلْفِ
صَلَاةٍ وَأَلْفُ أَلْفِ سَلَامٍ عَلَيْكَ يَا مَنْ صَوَّرَهُ
اللهُ، أَلْفُ أَلْفِ صَلَاةٍ وَأَلْفُ أَلْفِ سَلَامٍ عَلَيْكَ

SALEVÂT-I KÜBRÂ

يَا مَنْ عَبَدَ اللهَ، أَلْفُ أَلْفِ صَلَاةٍ وَأَلْفُ أَلْفِ سَلَامٍ عَلَيْكَ يَا خَيْرَ خَلْقِ اللهِ، أَلْفُ أَلْفِ صَلَاةٍ وَأَلْفُ أَلْفِ سَلَامٍ عَلَيْكَ يَا خَاتَمَ رُسُلِ اللهِ، أَلْفُ أَلْفِ صَلَاةٍ وَأَلْفُ أَلْفِ سَلَامٍ عَلَيْكَ يَا سُلْطَانَ الْأَنْبِيَاءِ، أَلْفُ أَلْفِ صَلَاةٍ وَأَلْفُ أَلْفِ سَلَامٍ عَلَيْكَ يَا بُرْهَانَ الْأَصْفِيَاءِ، أَلْفُ أَلْفِ صَلَاةٍ وَأَلْفُ أَلْفِ سَلَامٍ عَلَيْكَ يَا مُصْطَفَى، أَلْفُ أَلْفِ صَلَاةٍ وَأَلْفُ أَلْفِ سَلَامٍ عَلَيْكَ يَا مُعَلَّى، أَلْفُ أَلْفِ صَلَاةٍ وَأَلْفُ أَلْفِ سَلَامٍ عَلَيْكَ يَا مُجْتَبَى، أَلْفُ أَلْفِ صَلَاةٍ وَأَلْفُ أَلْفِ

SALEVÂT-I KÜBRÂ

سَلاَمٍ عَلَيْكَ يَا مُزَكِّي، أَلْفُ أَلْفِ صَلاَةٍ وَأَلْفُ أَلْفِ سَلاَمٍ عَلَيْكَ يَا مَكِّيُّ، أَلْفُ أَلْفِ صَلاَةٍ وَأَلْفُ أَلْفِ سَلاَمٍ عَلَيْكَ يَا مَدَنِيُّ، أَلْفُ أَلْفِ صَلاَةٍ وَأَلْفُ أَلْفِ سَلاَمٍ عَلَيْكَ يَا عَرَبِيُّ، أَلْفُ أَلْفِ صَلاَةٍ وَأَلْفُ أَلْفِ سَلاَمٍ عَلَيْكَ يَا قُرَشِيُّ، أَلْفُ أَلْفِ صَلاَةٍ وَأَلْفُ أَلْفِ سَلاَمٍ عَلَيْكَ يَا هَاشِمِيُّ، أَلْفُ أَلْفِ صَلاَةٍ وَأَلْفُ أَلْفِ سَلاَمٍ عَلَيْكَ يَا أَبْطَحِيُّ، أَلْفُ أَلْفِ صَلاَةٍ وَأَلْفُ أَلْفِ سَلاَمٍ عَلَيْكَ يَا زَمْزَمِيُّ، أَلْفُ أَلْفِ صَلاَةٍ وَأَلْفُ أَلْفِ سَلاَمٍ عَلَيْكَ يَا تِهَامِيُّ، أَلْفُ أَلْفِ صَلاَةٍ

SALEVÂT-I KÜBRÂ

وَأَلْفُ أَلْفِ سَلَامٍ عَلَيْكَ يَا أُمِّي، أَلْفُ أَلْفِ صَلَاةٍ وَأَلْفُ أَلْفِ سَلَامٍ عَلَيْكَ يَا سَيِّدَ وَلَدِ آدَمَ، أَلْفُ أَلْفِ صَلَاةٍ وَأَلْفُ أَلْفِ سَلَامٍ عَلَيْكَ يَا أَحْمَدُ، أَلْفُ أَلْفِ صَلَاةٍ وَأَلْفُ أَلْفِ سَلَامٍ عَلَيْكَ يَا مُحَمَّدُ، أَلْفُ أَلْفِ صَلَاةٍ وَأَلْفُ أَلْفِ سَلَامٍ عَلَيْكَ يَا طٰهٰ، أَلْفُ أَلْفِ صَلَاةٍ وَأَلْفُ أَلْفِ سَلَامٍ عَلَيْكَ يَا يٰس، أَلْفُ أَلْفِ صَلَاةٍ وَأَلْفُ أَلْفِ سَلَامٍ عَلَيْكَ يَا مُدَّثِّرُ، أَلْفُ أَلْفِ صَلَاةٍ وَأَلْفُ أَلْفِ سَلَامٍ عَلَيْكَ يَا صَاحِبَ الْكَوْثَرِ، أَلْفُ أَلْفِ صَلَاةٍ وَأَلْفُ أَلْفِ سَلَامٍ

SALEVÂT-I KÜBRÂ

عَلَيْكَ يَا شَافِعَ يَوْمِ الْمَحْشَرِ، أَلْفُ أَلْفِ صَلَاةٍ وَأَلْفُ أَلْفِ سَلَامٍ عَلَيْكَ يَا صَاحِبَ التَّاجِ، أَلْفُ أَلْفِ صَلَاةٍ وَأَلْفُ أَلْفِ سَلَامٍ عَلَيْكَ يَا صَاحِبَ الْمِعْرَاجِ، أَلْفُ أَلْفِ صَلَاةٍ وَأَلْفُ أَلْفِ سَلَامٍ عَلَيْكَ يَا سَيِّدَ الْأَوَّلِينَ وَالْآخِرِينَ، أَلْفُ أَلْفِ صَلَاةٍ وَأَلْفُ أَلْفِ سَلَامٍ عَلَيْكَ يَا سَيِّدَ الْمُحْسِنِينَ، أَلْفُ أَلْفِ صَلَاةٍ وَأَلْفُ أَلْفِ سَلَامٍ عَلَيْكَ يَا سَيِّدَ الْكَوْنَيْنِ وَالثَّقَلَيْنِ، أَلْفُ أَلْفِ صَلَاةٍ وَأَلْفُ أَلْفِ سَلَامٍ عَلَيْكَ يَا صَاحِبَ النَّعْلَيْنِ، أَلْفُ أَلْفِ صَلَاةٍ وَأَلْفُ أَلْفِ

SALEVÂT-I KÜBRÂ

سَلَامٌ عَلَيْكَ يَا سَيِّدِى يَا رَسُولَ اللهِ يَا خَاتَمَ الْأَنْبِيَاءِ وَالْمُرْسَلِينَ، أَلْفُ أَلْفِ صَلَاةٍ وَأَلْفُ أَلْفِ سَلَامٍ عَلَيْكَ يَا نَبِيَّ اللهِ يَوْمَ الدِّينِ سُبْحَانَ رَبِّكَ رَبِّ الْعِزَّةِ عَمَّا يَصِفُونَ وَسَلَامٌ عَلَى الْمُرْسَلِينَ وَالْحَمْدُ لِلَّهِ رَبِّ الْعَالَمِينَ."

"Ey Mürsel (gönderilen)lerin Efendisi! Birmilyon salât ve birmilyon selâm senin üzerine olsun.

Ey Nebî (peygamber)lerin Efendisi! Birmilyon salât ve birmilyon selâm senin üzerine olsun.

Ey Sıddıkların Efendisi! Birmilyon salât ve birmilyon selâm senin üzerine olsun.

SALEVÂT-I KÜBRÂ

Ey Rukû' Edenlerin Efendisi! Birmilyon salât ve birmilyon selâm senin üzerine olsun.

Ey Secde Edenlerin Efendisi! Birmilyon salât ve birmilyon selâm senin üzerine olsun.

Ey Ka'deye Oturanların Efendisi! Birmilyon salât ve birmilyon selâm senin üzerine olsun.

Ey Kıyamda Duranların Efendisi! Birmilyon salât ve birmilyon selâm senin üzerine olsun.

Ey Namaz Kılanların Efendisi! Birmilyon salât ve birmilyon selâm senin üzerine olsun.

Ey Zikredenlerin Efendisi! Birmilyon salât ve birmilyon selâm senin üzerine olsun.

Ey Şâhitlerin Efendisi! Birmilyon salât ve birmilyon selâm senin üzerine olsun.

SALEVÂT-I KÜBRÂ

Ey Evvelkilerin Efendisi! Birmilyon salât ve birmilyon selâm senin üzerine olsun.

Ey Sonrakilerin Efendisi! Birmilyon salât ve birmilyon selâm senin üzerine olsun.

Ey **Allâh**'ın Rasûlü! Birmilyon salât ve birmilyon selâm senin üzerine olsun.

Ey **Allâh**'ın Nebîsi! Birmilyon salât ve birmilyon selâm senin üzerine olsun.

Ey **Allâh**'ın Habîbi! Birmilyon salât ve birmilyon selâm senin üzerine olsun.

Ey **Allâh**'ın kendisine ikram ettiği Zat! Birmilyon salât ve birmilyon selâm senin üzerine olsun.

Ey **Allâh**'ın kendisini büyük tuttuğu Zat! Birmilyon salât ve birmilyon selâm senin üzerine olsun.

SALEVÂT-I KÜBRÂ

Ey **Allâh**'ın kendisine şeref verdiği Zat! Birmilyon salât ve birmilyon selâm senin üzerine olsun.

Ey **Allâh**'ın kendisini galip kıldığı Zat! Birmilyon salât ve birmilyon selâm senin üzerine olsun.

Ey **Allâh**'ın kendisini seçtiği Zat! Birmilyon salât ve birmilyon selâm senin üzerine olsun.

Ey **Allâh**'ın kendisine üstün sûret (ve sîret) verdiği Zat! Birmilyon salât ve birmilyon selâm senin üzerine olsun.

Ey **Allâh**'a (gerçek mânâda) ibâdet eden Zat! Birmilyon salât ve birmilyon selâm senin üzerine olsun.

Ey **Allâh**'ın Mahlûkatının En Hayırlısı! Birmilyon salât ve birmilyon selâm senin üzerine olsun.

SALEVÂT-I KÜBRÂ

Ey **Allâh**'ın Rasüllerinin Sonuncusu! Birmilyon salât ve birmilyon selâm senin üzerine olsun.

Ey Enbiyânın Sultânı! Birmilyon salât ve birmilyon selâm senin üzerine olsun.

Ey Esfiyânın Burhânı! Birmilyon salât ve birmilyon selâm senin üzerine olsun.

Ey **Mustafâ**! Birmilyon salât ve birmilyon selâm senin üzerine olsun.

Ey **Mu'allâ** (son derece üstün kılınmış zat)! Birmilyon salât ve birmilyon selâm senin üzerine olsun.

Ey **Müctebâ** (seçkin kılınmış zat)! Birmilyon salât ve birmilyon selâm senin üzerine olsun.

Ey **Müzekkî** (Ümmetini günahlardan temizleyen)! Birmilyon salât ve birmilyon selâm senin üzerine olsun.

Ey **Mekkî** (Mekkeli)! Birmilyon salât ve birmilyon selâm senin üzerine olsun.

SALEVÂT-I KÜBRÂ

Ey **Medenî** (Medîneli)! Birmilyon salât ve birmilyon selâm senin üzerine olsun.

Ey **Arabî** (Arab kavmine mensub)! Birmilyon salât ve birmilyon selâm senin üzerine olsun.

Ey **Kuraşî** (Kureyş kabîlesine mensub)! Birmilyon salât ve birmilyon selâm senin üzerine olsun.

Ey **Hâşimî** (Hâşim oğullarına mensub)! Birmilyon salât ve birmilyon selâm senin üzerine olsun.

Ey **Ebtahî** (Mekke'de bulunan Ebtah vâdisinde konaklayan)!

Birmilyon salât ve birmilyon selâm senin üzerine olsun.

Ey **Zemzemî** (Zemzemle büyüyen)!

Birmilyon salât ve birmilyon selâm senin üzerine olsun.

SALEVÂT-I KÜBRÂ

Ey **Tihâmî** (Mekke'nin bağlı bulunduğu Tihâme bölgesinin sâkini)! Birmilyon salât ve birmilyon selâm senin üzerine olsun.

Ey **Ümmî** (Okuma yazma bilmediği halde bütün ilimleri Rabbinden öğrenen)! Birmilyon salât ve birmilyon selâm senin üzerine olsun.

Ey **Âdemoğullarının Efendisi**! Birmilyon salât ve birmilyon selâm senin üzerine olsun.

Ey **Ahmed**! Birmilyon salât ve birmilyon selâm senin üzerine olsun.

Ey **Muhammed**! Birmilyon salât ve birmilyon selâm senin üzerine olsun.

Ey **Tâhâ**! Birmilyon salât ve birmilyon selâm senin üzerine olsun.

Ey **Yâsîn**! Birmilyon salât ve birmilyon selâm senin üzerine olsun.

SALEVÂT-I KÜBRÂ

Ey **Müddessir** (İlk vahiy geldiğinde yakalandığı sıtma nedeniyle örtülere bürünen)! Birmilyon salât ve birmilyon selâm senin üzerine olsun.

Ey Kevser ırmağının sahibi! Birmilyon salât ve birmilyon selâm senin üzerine olsun.

Ey Mahşer gününün Şefaatçisi!

Birmilyon salât ve birmilyon selâm senin üzerine olsun.

Ey Tâc sahibi! Birmilyon salât ve birmilyon selâm senin üzerine olsun.

Ey Mi'râc sahibi! Birmilyon salât ve birmilyon selâm senin üzerine olsun.

Ey Öncekilerin ve Sonrakilerin Efendisi! Birmilyon salât ve birmilyon selâm senin üzerine olsun.

Ey **Muhsin** (**Allâh-u Te'âlâ**'yı görür gibi ibâdet eden)lerin Efendisi!

SALEVÂT-I KÜBRÂ

Birmilyon salât ve birmilyon selâm senin üzerine olsun.

Ey Kevneyn ve Sekaleynin (iki cihanın ve insü cânnın) Efendisi!

Birmilyon salât ve birmilyon selâm senin üzerine olsun.

Ey Na'leyn (iki mübarek takunya) Sahibi!

Birmilyon salât ve birmilyon selâm senin üzerine olsun.

Ey Efendim!

Ey **Allâh**'ın Rasûlü!

Ey Nebîlerin ve Rasüllerin sonuncusu!

Ey cezâ gününde (şefaat makamına erdirilen) **Allâh**'ın Peygamberi!

Birmilyon salât ve birmilyon selâm senin üzerine olsun.

SALEVÂT-I KÜBRÂ

İzzet sâhibi Rabbini, onların vasfettikleri şeylerden (müşriklerin yanlış nitelemelerinden) tenzih ederim.

Gönderilen peygamberlerin tümüne selâm olsun.

Bütün hamdler de âlemlerin Rabbi olan **Allâh**'a olsun. *(Abdurrahîm Yûsuf, es-Salevâtü'l-kübrâ, 4-9)*

KÜN FEYEKÛN DUÂSI

SALEVÂT-I KÜBRÂ

دُعَاءُ كُنْ فَيَكُونُ

اَعُوذُ بِاللهِ مِنَ الشَّيْطَانِ الرَّجِيمِ

بِسْمِ اللهِ الرَّحْمٰنِ الرَّحِيمِ

وَصَلَّى اللهُ عَلَى النَّبِيِّ الْكَرِيمِ، اَللّٰهُمَّ يَا رَبِّ، اَللّٰهُمَّ يَا رَبِّ، اَللّٰهُمَّ يَا رَبِّ، يَا رَحْمٰنُ يَا رَحِيمُ. اَلْمَلِكُ الْقُدُّوسُ السَّلَامُ الْمُؤْمِنُ الْمُهَيْمِنُ الْعَزِيزُ الْجَبَّارُ الْمُتَكَبِّرُ سُبْحَانَ اللهِ عَمَّا يُشْرِكُونَ ۞ اَفَغَيْرَ دِينِ اللهِ يَبْغُونَ وَلَهُ اَسْلَمَ مَنْ فِي السَّمٰوَاتِ وَالْاَرْضِ طَوْعًا وَكَرْهًا وَاِلَيْهِ يُرْجَعُونَ ۞ اِنَّمَا اَمْرُهُ اِذَا اَرَادَ شَيْئًا اَنْ يَقُولَ لَهُ

SALEVÂT-I KÜBRÂ

كُنْ فَيَكُونُ ۞ فَسُبْحَانَ الَّذِي بِيَدِهِ مَلَكُوتُ كُلِّ شَيْءٍ وَاِلَيْهِ تُرْجَعُونَ ۞ قُلْ هُوَ اللهُ اَحَدٌ ۞ اَللهُ الصَّمَدُ ۞ لَمْ يَلِدْ وَلَمْ يُولَدْ ۞ وَلَمْ يَكُنْ لَهُ كُفُوًا اَحَدٌ ۞ اِنَّمَا اَمْرُهُ اِذَا اَرَادَ شَيْئًا اَنْ يَقُولَ لَهُ كُنْ فَيَكُونُ ۞ فَسُبْحَانَ الَّذِي بِيَدِهِ مَلَكُوتُ كُلِّ شَيْءٍ وَاِلَيْهِ تُرْجَعُونَ ۞ اِذَا جَاءَ نَصْرُ اللهِ وَالْفَتْحُ ۞ وَرَاَيْتَ النَّاسَ يَدْخُلُونَ فِي دِينِ اللهِ اَفْوَاجًا ۞ فَسَبِّحْ بِحَمْدِ رَبِّكَ وَاسْتَغْفِرْهُ اِنَّهُ كَانَ تَوَّابًا ۞ اِنَّمَا اَمْرُهُ اِذَا اَرَادَ شَيْئًا اَنْ يَقُولَ لَهُ كُنْ فَيَكُونُ ۞ فَسُبْحَانَ الَّذِي بِيَدِهِ مَلَكُوتُ كُلِّ

SALEVÂT-I KÜBRÂ

شَيْءٍ وَاِلَيْهِ تُرْجَعُونَ ۞ اِنَّا فَتَحْنَا لَكَ فَتْحًا مُبِينًا ۞ لِيَغْفِرَ لَكَ اللهُ مَا تَقَدَّمَ مِنْ ذَنْبِكَ وَمَا تَاَخَّرَ وَيُتِمَّ نِعْمَتَهُ عَلَيْكَ وَيَهْدِيَكَ صِرَاطًا مُسْتَقِيمًا ۞ وَيَنْصُرَكَ اللهُ نَصْرًا عَزِيزًا ۞ اِنَّا فَتَحْنَا لَكَ فَتْحًا مُبِينًا ۞ لِيَغْفِرَ لَكَ اللهُ مَا تَقَدَّمَ مِنْ ذَنْبِكَ وَمَا تَاَخَّرَ وَيُتِمَّ نِعْمَتَهُ عَلَيْكَ وَيَهْدِيَكَ صِرَاطًا مُسْتَقِيمًا ۞ وَيَنْصُرَكَ اللهُ نَصْرًا عَزِيزًا ۞ اِنَّا فَتَحْنَا لَكَ فَتْحًا مُبِينًا ۞ لِيَغْفِرَ لَكَ اللهُ مَا تَقَدَّمَ مِنْ ذَنْبِكَ وَمَا تَاَخَّرَ وَيُتِمَّ نِعْمَتَهُ عَلَيْكَ وَيَهْدِيَكَ صِرَاطًا مُسْتَقِيمًا

SALEVÂT-I KÜBRÂ

۞ وَيَنْصُرَكَ اللهُ نَصْرًا عَزِيزًا ۞ اِنَّمَآ اَمْرُهُ اِذَآ اَرَادَ شَيْئًا اَنْ يَقُولَ لَهُ كُنْ فَيَكُونُ ۞ فَسُبْحَانَ الَّذِي بِيَدِهِ مَلَكُوتُ كُلِّ شَيْءٍ وَاِلَيْهِ تُرْجَعُونَ ۞ نَصْرٌ مِنَ اللهِ وَفَتْحٌ قَرِيبٌ وَبَشِّرِ الْمُؤْمِنِينَ ۞ اِنَّمَآ اَمْرُهُ اِذَآ اَرَادَ شَيْئًا اَنْ يَقُولَ لَهُ كُنْ فَيَكُونُ ۞ فَسُبْحَانَ الَّذِي بِيَدِهِ مَلَكُوتُ كُلِّ شَيْءٍ وَاِلَيْهِ تُرْجَعُونَ ۞ اَفَغَيْرَ دِينِ اللهِ يَبْغُونَ وَلَهُ اَسْلَمَ مَنْ فِي السَّمٰوَاتِ وَالْاَرْضِ طَوْعًا وَكَرْهًا وَاِلَيْهِ يُرْجَعُونَ ۞ اِنَّمَآ اَمْرُهُ اِذَآ اَرَادَ شَيْئًا اَنْ يَقُولَ لَهُ كُنْ فَيَكُونُ ۞ فَسُبْحَانَ الَّذِي بِيَدِهِ مَلَكُوتُ

SALEVÂT-I KÜBRÂ

كُلِّ شَيْءٍ وَالَيْهِ تُرْجَعُونَ ۞ قَالُوا اِنَّا لِلّٰهِ وَاِنَّا اِلَيْهِ رَاجِعُونَ ۞ اِنَّمَا اَمْرُهُ اِذَا اَرَادَ شَيْئًا اَنْ يَقُولَ لَهُ كُنْ فَيَكُونُ ۞ فَسُبْحَانَ الَّذِي بِيَدِهِ مَلَكُوتُ كُلِّ شَيْءٍ وَاِلَيْهِ تُرْجَعُونَ ۞ وَالسَّمَاءِ وَالطَّارِقِ ۞ وَمَا اَدْرٰيكَ مَا الطَّارِقُ ۞ اَلنَّجْمُ الثَّاقِبُ ۞ اِنْ كُلُّ نَفْسٍ لَمَّا عَلَيْهَا حَافِظٌ ۞ فَلْيَنْظُرِ الْاِنْسَانُ مِمَّ خُلِقَ ۞ خُلِقَ مِنْ مَاءٍ دَافِقٍ ۞ يَخْرُجُ مِنْ بَيْنِ الصُّلْبِ وَالتَّرَائِبِ ۞ اِنَّهُ عَلٰى رَجْعِهِ لَقَادِرٌ ۞ يَوْمَ تُبْلَى السَّرَائِرُ ۞ فَمَا لَهُ مِنْ قُوَّةٍ وَلَا نَاصِرٍ ۞ وَالسَّمَاءِ ذَاتِ الرَّجْعِ ۞

SALEVÂT-I KÜBRÂ

وَالْاَرْضِ ذَاتِ الصَّدْعِ ۞ اِنَّهُ لَقَوْلُ فَصْلٌ ۞ وَمَا هُوَ بِالْهَزْلِ ۞ اِنَّهُمْ يَكِيدُونَ كَيْدًا ۞ وَاَكِيدُ كَيْدًا ۞ فَمَهِّلِ الْكَافِرِينَ اَمْهِلْهُمْ رُوَيْدًا ۞ اِنَّمَآ اَمْرُهُ اِذَآ اَرَادَ شَيْئًا اَنْ يَقُولَ لَهُ كُنْ فَيَكُونُ ۞ فَسُبْحَانَ الَّذِي بِيَدِهِ مَلَكُوتُ كُلِّ شَيْءٍ وَاِلَيْهِ تُرْجَعُونَ ۞ يَأْتِيهَا رِزْقُهَا رَغَدًا مِنْ كُلِّ مَكَانٍ ۞ وَاللهُ خَيْرُ الرَّازِقِينَ ۞ اِنَّمَآ اَمْرُهُ اِذَآ اَرَادَ شَيْئًا اَنْ يَقُولَ لَهُ كُنْ فَيَكُونُ ۞ فَسُبْحَانَ الَّذِي بِيَدِهِ مَلَكُوتُ كُلِّ شَيْءٍ وَاِلَيْهِ تُرْجَعُونَ ۞ مَا عِنْدَكُمْ يَنْفَدُ وَمَا عِنْدَ اللهِ بَاقٍ ۞ وَاللهُ خَيْرُ الرَّازِقِينَ ۞

SALEVÂT-I KÜBRÂ

اِنَّمَٓا اَمْرُهُ اِذَٓا اَرَادَ شَيْئًا اَنْ يَقُولَ لَهُ كُنْ فَيَكُونُ ۞ فَسُبْحَانَ الَّذِي بِيَدِهِ مَلَكُوتُ كُلِّ شَيْءٍ وَاِلَيْهِ تُرْجَعُونَ ۞ اَفَمَنْ يَمْشِي مُكِبًّا عَلٰى وَجْهِهِ اَهْدٰى اَمَّنْ يَمْشِي سَوِيًّا عَلٰى صِرَاطٍ مُسْتَقٖيمٍ ۞ اِنَّمَٓا اَمْرُهُ اِذَٓا اَرَادَ شَيْئًا اَنْ يَقُولَ لَهُ كُنْ فَيَكُونُ ۞ فَسُبْحَانَ الَّذِي بِيَدِهِ مَلَكُوتُ كُلِّ شَيْءٍ وَاِلَيْهِ تُرْجَعُونَ ۞ لِاٖيلَافِ قُرَيْشٍ ۞ اٖيلَافِهِمْ رِحْلَةَ الشِّتَٓاءِ وَالصَّيْفِ ۞ فَلْيَعْبُدُوا رَبَّ هٰذَا الْبَيْتِ ۞ اَلَّذٖٓي اَطْعَمَهُمْ مِنْ جُوعٍ وَاٰمَنَهُمْ مِنْ خَوْفٍ ۞ اِنَّمَٓا اَمْرُهُ اِذَٓا اَرَادَ شَيْئًا اَنْ

SALEVÂT-I KÜBRÂ

يَقُولَ لَهُ كُنْ فَيَكُونُ ۞ فَسُبْحَانَ الَّذِي بِيَدِهِ مَلَكُوتُ كُلِّ شَيْءٍ وَاِلَيْهِ تُرْجَعُونَ ۞ يَا رَبِّ، يَا رَبِّ، يَا رَبِّ، يَا اَللّٰهُ، يَا اَللّٰهُ، يَا اَللّٰهُ، قُلِ اللّٰهُمَّ مَالِكَ الْمُلْكِ تُؤْتِي الْمُلْكَ مَنْ تَشَآءُ وَتَنْزِعُ الْمُلْكَ مِمَّنْ تَشَآءُ وَتُعِزُّ مَنْ تَشَآءُ وَتُذِلُّ مَنْ تَشَآءُ بِيَدِكَ الْخَيْرُ اِنَّكَ عَلٰى كُلِّ شَيْءٍ قَدِيرٌ ۞ تُولِجُ الَّيْلَ فِي النَّهَارِ وَتُولِجُ النَّهَارَ فِي الَّيْلِ وَتُخْرِجُ الْحَيَّ مِنَ الْمَيِّتِ وَتُخْرِجُ الْمَيِّتَ مِنَ الْحَيِّ وَتَرْزُقُ مَنْ تَشَآءُ بِغَيْرِ حِسَابٍ ۞ اِنَّمَآ اَمْرُهُ اِذَآ اَرَادَ شَيْئًا اَنْ يَقُولَ لَهُ كُنْ فَيَكُونُ ۞

SALEVÂT-I KÜBRÂ

فَسُبْحَانَ الَّذِي بِيَدِهِ مَلَكُوتُ كُلِّ شَيْءٍ وَاِلَيْهِ تُرْجَعُونَ ۞ أَشْهَدُ أَنْ لَا إِلَهَ إِلَّا اللهُ وَحْدَهُ لَا شَرِيكَ لَهُ وَأَشْهَدُ أَنَّ مُحَمَّدًا عَبْدُهُ وَرَسُولُهُ، اَللّٰهُمَّ صَلِّ عَلَى مُحَمَّدٍ وَعَلَى آلِ مُحَمَّدٍ وَسَلِّمْ أَجِيبُوا اَيُّهَا الْمَلَائِكَةُ وَالرُّوحَانِيُّونَ الْمُوَكَّلُونَ بِهَذِهِ الْاَسْمَاءِ الشَّرِيفَةِ وَبِهَذِهِ الْاٰيَاتِ الْكَرِيمَةِ لِدَعْوَتِي فِي قَضَاءِ حَاجَتِي.

بِسْمِ اللهِ الرَّحْمٰنِ الرَّحِيمِ

بَدِيعُ السَّمٰوَاتِ وَالْاَرْضِ وَاِذَا قَضٰى اَمْرًا فَاِنَّمَا يَقُولُ لَهُ كُنْ فَيَكُونُ ۞ قَالَتْ اَنّٰى يَكُونُ لِي غُلَامٌ وَلَمْ يَمْسَسْنِي بَشَرٌ ۞ قَالَ كَذٰلِكِ اللهُ يَخْلُقُ مَا يَشَاءُ اِذَا قَضٰى اَمْرًا فَاِنَّمَا يَقُولُ لَهُ كُنْ فَيَكُونُ ۞

SALEVÂT-I KÜBRÂ

اِنَّ مَثَلَ عِيسٰى عِنْدَ اللهِ كَمَثَلِ اٰدَمَ خَلَقَهُ مِنْ تُرَابٍ ثُمَّ قَالَ لَهُ كُنْ فَيَكُونُ ۞ وَهُوَ الَّذِي خَلَقَ السَّمٰوَاتِ وَالْأَرْضَ بِالْحَقِّ وَيَوْمَ يَقُولُ كُنْ فَيَكُونُ ۞ اِنَّمَا قَوْلُنَا لِشَيْءٍ اِذَٓا اَرَدْنَاهُ اَنْ نَقُولَ لَهُ كُنْ فَيَكُونُ ۞ مَا كَانَ لِلّٰهِ اَنْ يَتَّخِذَ مِنْ وَلَدٍ سُبْحَانَهُ اِذَا قَضٰى اَمْرًا فَاِنَّمَا يَقُولُ لَهُ كُنْ فَيَكُونُ ۞ هُوَ الَّذِي يُحْيِي وَيُمِيتُ فَاِذَا قَضٰى اَمْرًا فَاِنَّمَا يَقُولُ لَهُ كُنْ فَيَكُونُ ۞ اَللّٰهُمَّ بِحَقِّ هٰذِهِ الْاٰيَاتِ وَمَا فِيهَا مِنَ الْأَسْرَارِ اِقْضِ حَاجَتِي فِى الدَّارَيْنِ اِنَّكَ عَلٰى كُلِّ شَيْءٍ قَدِيرٌ. آمِينَ.

SALEVÂT-I KÜBRÂ

KÜN FEYEKÛN DUÂSI

Rahmân ve **Rahîm** olan **Allâh**'ın adıyla. **Allâh** keremli Nebî'ye salât etsin. Ey **Allâh**! Ey Rabbim! Ey **Allâh**! Ey Rabbim! Ey **Allâh**! Ey Rabbim! Ey **Rahmân**! Ey **Rahîm**!

"(Her şeyin yönetimi Kendisine ait olan ve tüm varlıkların yegâne mâlik ve sahibi bulunan, istediğini üstün, dilediğini alçak kılabilen, kimse tarafından yönetilmeyen ve azledilmesi düşünülemeyen bir) **Melik'dir.**

(Noksanlık gerektiren her şeyden son derece arınmış olan, bütün kâmil sıfatlar Kendisine ait olan, sınırlanamayan ve herhangi bir şekille düşünülemeyen bir) **Kuddûs'dür.**

(Tüm âfetlerden ve yok oluşlardan uzak olan, tüm selâmetler Kendisinden umulan ve dostlarını sürekli selamlamakta bulunan bir) **Selâm'dır.**

SALEVÂT-I KÜBRÂ

(Kendi Zât'ına ve peygamberlerine evvela Kendisi inanan, yaratıkları zulümden, inananları da azaptan emin kılan bir) **Mü'min'dir.**

(Her şeyi hakkıyla koruyup gözeten ve her varlık üstünde hakkıyla gözcü olan bir) **Müheymin'dir.**

(Eşi-benzeri olmayan bir gâlibiyete sahip olan ve mertebesi asla düşürülemeyen bir) **Azîz'dir.**

(Zorla da olsa dilediği yaratığını irâdesi yönünde mecbur bırakabilen ve yaratıklarının tüm işlerini tam manasıyla yoluna koyan bir) **Cebbâr'dır.**

(Son derece büyüklük ve ululuk sahibi olan ve kibir ancak Kendisine yakışan bir) **Mütekebbir'dir!**

Onların şirk koşmakta oldukları şeylerden (son derece uzaklık, arılık, tenzîh, takdîs ve) **tesbîh Allâh'a!"** *(Haşr Sûresi:23)*

SALEVÂT-I KÜBRÂ

"**O** (kâfir ola)**nlar** (İslâm'dan yüz çevirip de,) **Allâh'ın dininden başkasını mı arıyorlar?**

Oysa göklerde ve yerde bulunan (tüm yaratık)**lar**(dan kimi,) **isteyerek ve** (kimi de azâbı görme neticesinde) **istemeyerek** (de olsa) **ancak Kendisi**(nin hükmü)**ne teslim olmuştur.**

Ve onlar (öldürülüp diriltilerek) **sadece O'na döndürüleceklerdir!**" *(Âli İmrân Sûresi:83)*

"(**Allâh-u Te'âlâ**'nın diriltme gücünü uzak görmenin hiçbir anlamı yoktur. Zira) **O bir şeyi**(n meydana gelmesini) **istediği zaman O'nun emri,** (harften ve sesten münezzeh olarak) **ona ancak:**

'**Var ol!**' **buyurmasıdır, böylece o da hemen meydana geliverir.**

(Diriltmekten âcizlik gibi bütün noksan sıfatlardan arılık, tenzîh ve) **tesbîh O Zât'a ki; her şeyin** (görünen ve görünme-

SALEVÂT-I KÜBRÂ

yen tüm yönleriyle) **gerçek mülkü O'nun** (kudret) **elindedir, siz de ancak O'na döndürüleceksiniz!"** *(Yâsîn Sûresi:82-83)*

"(Habîbim!) **De ki: "O** (bana vasıflarını sorduğunuz Rabbim)**, Allâh'tır.**

(O, hiçbir yönden ikincisi olma ihtimali bulunmayan ve hiçbir vasfında hiçbir varlıkla ortaklığı olmayan bir) **Ehad'dir!**

(Dolayısıyla çokluk, parçalara ihtiyaç, maddî olan-olmayan tüm cevherlerden ve unsurlardan birleşme gibi ikilik belirtisi olan şeyler O'nun Zât-ı İlâhîsi hakkında asla söz konusu olamaz.

Bu itibarla O'nun, ne Zât'ı, ne sıfatları, ne de fiilleri hususunda başkalarıyla herhangi bir ortak noktası bulunduğu düşünülemez.)

Ancak Allâh(, her şey Kendisine muhtaç olan, Kendisi ise hiç bir şeye ihtiyaç duymayan bir) **Samed'dir!**

SALEVÂT-I KÜBRÂ

(Bu yüzden yemekten, içmekten ve sonradan yaratılma belirtisi olan noksanlık getirecek her türlü ihtiyaçtan son derece uzaktır. Dolayısıyla O, kimsesiz durur ama kimse O'nsuz duramaz!)

O doğurmamıştır(, zira hemcinsi yoktur ki, onunla birleşme neticesi bir doğum söz konusu olabilsin, zaten yardımcıya da, yerine kalacak birine de ihtiyacı yoktur) **ve doğurulmamıştır.**

(Nitekim her doğan sonradandır ve cisimdir. O ise varlığının başlangıcı olmayan bir Kadîm'dir dolayısıyla varlığı öncesinde hiçbir yokluğun geçmiş olması söz konusu değildir.)

Hiçbir kimse O'na (hiçbir yönden benzer, eş, eşit ve) **denk de olmamıştır!"**
(İhlâs Sûresi:1-4)

"O bir şeyi(n meydana gelmesini) **istediği zaman O'nun emri,** (harften ve sesten münezzeh olarak) **ona ancak:**

SALEVÂT-I KÜBRÂ

'Var ol!' buyurmasıdır, böylece o da hemen meydana geliverir.

(Diriltmekten âcizlik gibi bütün noksan sıfatlardan arılık, tenzîh ve) **tesbîh O Zât'a ki; her şeyin** (görünen ve görünmeyen tüm yönleriyle) **gerçek mülkü O'nun** (kudret) **elindedir, siz de ancak O'na döndürüleceksiniz!"** *(Yâsîn Sûresi:82-83)*

"(Habîbim!) **Allâh'ın (**düşmanlarına karşı sana) **yardımı ve** (şirk beldelerini) **fetih geldiği zaman.**

Bir de sen (Mekke, Tâif ve Yemen ehliyle, Hevâzin vesâir Arap kabilelerine mensup) **insanları** (evvelce tek tek Müslüman oluyorlarken, daha sonra) **kalabalık cemaatler halinde Allâh'ın dinine giriyorlarken gördüğünde.**

Artık ("Sübhânellâhi ve bihamdihî ve estağfirullâhe ve etûbü ileyh" diyerek) **Rabbinin hamdiyle birlikte tesbîhte bulun.**

SALEVÂT-I KÜBRÂ

Ve (O'nun, şanına yakışmayan tüm noksanlıklardan uzak olduğunu ifade et, bir de nefsini kırmak ve amelini küçümsemek için) **O'ndan bağışlanma talep et!**

Muhakkak ki O, dâimâ (tevbeleri çokça kabul eden bir) **Tevvâb olmuştur."**
(Feth Sûresi:1-3)

"O bir şeyi(n meydana gelmesini) **istediği zaman O'nun emri,** (harften ve sesten münezzeh olarak) **ona ancak:**

'Var ol!' buyurmasıdır, böylece o da hemen meydana geliverir.

(Diriltmekten âcizlik gibi bütün noksan sıfatlardan arılık, tenzîh ve) **tesbîh O Zât'a ki; her şeyin** (görünen ve görünmeyen tüm yönleriyle) **gerçek mülkü O'nun** (kudret) **elindedir, siz de ancak O'na döndürüleceksiniz!"** *(Yâsîn Sûresi:82-83)*

"Gerçekten Biz sana Mekke-i Mükerreme'yi ele geçirmenle ilgili) **pek açık bir fetihle büyük bir fetih nasip ettik!**

SALEVÂT-I KÜBRÂ

Neticede Allâh senin için geçmiş olan günahını da, gelecek olanı da bağışlayacak, (dînini dünyâya yayıp yücelterek ve dînî-dünyevî daha nice lütuflara mazhar kılarak) **nimetini senin üzerine tamamlayacak ve** (elçilik vazifeni tebliğ ve İslâm'ın hükümlerini tatbik hususunda) **seni dosdoğru bir yola hidâyet buyuracaktır.**

Bir de Allâh sana (eşine az rastlanan) **pek güçlü bir yardımla nusrette bulunacaktır!"** *(Feth Sûresi:1-3)*

"O bir şeyi(n meydana gelmesini) **istediği zaman O'nun emri,** (harften ve sesten münezzeh olarak) **ona ancak:**

'Var ol!' buyurmasıdır, böylece o da hemen meydana geliverir.

(Diriltmekten âcizlik gibi bütün noksan sıfatlardan arılık, tenzîh ve) **tesbîh O Zât'a ki; her şeyin** (görünen ve görünmeyen tüm yönleriyle) **gerçek mülkü O'nun** (kudret) **elindedir.**

SALEVÂT-I KÜBRÂ

Siz de ancak O'na döndürüleceksiniz!" *(Yâsîn Sûresi:82-83)*

"Allâh'tan büyük bir yardım ve pek yakın bir fetih!

(Yâ Muhammed!) O (anlatılan vasıfları takınan) **müminleri** (iki cihan saâdetiyle) **müjdele!**" *(Saff Sûresi:13)*

"**O bir şeyi**(n meydana gelmesini) **istediği zaman O'nun emri,** (harften ve sesten münezzeh olarak) **ona ancak: 'Var ol!' buyurmasıdır,** böylece o da hemen meydana geliverir.

(Tenzîh ve) **tesbîh O Zât'a ki; her şeyin** (görünen ve görünmeyen tüm yönleriyle) **gerçek mülkü O'nun** (kudret) **elindedir, siz de ancak O'na döndürüleceksiniz!**" *(Yâsîn Sûresi:82-83)*

"**O** (kâfir ola)**nlar** (İslâm'dan yüz çevirip de,) **Allâh'ın dininden başkasını mı arıyorlar?**

SALEVÂT-I KÜBRÂ

Oysa göklerde ve yerde bulunan (tüm yaratık)**lar**(dan kimi,) **isteyerek ve** (kimi de azâbı görme neticesinde) **istemeyerek** (de olsa) **ancak Kendisi**(nin hükmü)**ne teslim olmuştur.**

Ve onlar (öldürülüp diriltilerek) **sadece O'na döndürüleceklerdir!"** *(Âli İmrân Sûresi:83)*

"O bir şeyi(n meydana gelmesini) **istediği zaman O'nun emri,** (harften ve sesten münezzeh olarak) **ona ancak:**

'Var ol!' buyurmasıdır, böylece o da hemen meydana geliverir.

(Tenzîh ve) **tesbîh O Zât'a ki; her şeyin gerçek mülkü O'nun** (kudret) **elindedir, siz de ancak O'na döndürüleceksiniz!"** *(Yâsîn Sûresi:82-83)*

"Onlar: 'Şüphesiz biz Allâh'a ait (kul ve köleler)**iz ve kesinlikle biz ancak O'na dönücü kimseleriz!' derler."** *(Bakara Sûresi:156)*

SALEVÂT-I KÜBRÂ

"O bir şeyi(n meydana gelmesini) **istediği zaman O'nun emri,** (harften ve sesten münezzeh olarak) **ona ancak:**

'Var ol!' buyurmasıdır, böylece o da hemen meydana geliverir.

(Tenzîh ve) **tesbîh O Zât'a ki; her şeyin** (görünen ve görünmeyen tüm yönleriyle) **gerçek mülkü O'nun** (kudret) **elindedir, siz de ancak O'na döndürüleceksiniz!"** *(Yâsîn Sûresi:82-83)*

"**Andolsun göğe ve Târık'a! Târık'ın ne olduğunu sana bildirmiş olan şey nedir?** (O, ışığıyla karanlığı) **delici olan yıldızdır!**

Hiçbir nefis yoktur ki, mutlaka onun üzerinde (amellerini kollayıp) **koruyan biri vardır!** (Nitekim her insanın yanında, onun yaptıklarını yazan ve onu kaderi dışındaki tehlikelerden koruyan farklı melekler vardır.)

SALEVÂT-I KÜBRÂ

Öyleyse insan hangi şeyden yaratılmış olduğuna (bir) **baksın;**

O, atılgan suyun (barındırdığı milyonlarca canlı hücrenin rahme girmeyi başarabilen) **bir parçasından yaratılmıştır ki;**

O (su), (babanın) **bel kemiği ile** (annenin) **göğüs kemikleri arasından çık**(ıp, anne rahminde birbirine karış)**maktadır.**

Muhakkak ki O (Allâh-u Te'âlâ her şeye Kadirse de), **özellikle onu** (yoktan var etmesinin ardından, öldürüp toprak ettikten sonra tekrar hayata) **döndürmeye elbette** (gücü yeten bir) **Kadir'dir.**

O tüm gizlilerin araştırıl(ıp iyiyle kötünün birbirinden ayrıl)**acağı günde** (Rabbi onu diriltecektir)!

Artık onun için ne (başına geleni savuşturacak) **bir güç, ne de bir yardımcı yoktur!**

SALEVÂT-I KÜBRÂ

Yemin olsun; o (her sene aynı mevsimleriyle ve bol yağmurlarıyla menfaatleri insanlara) **dönüşlü olan göğe!**

Bir de andolsun; o (bitkilerle, ağaçlarla ve gözelerle) **yarılan yere ki!**

Muhakkak o (Kur'ân-ı Kerîm), **elbette** (hakla bâtıl arasını) **tamamen ayıran bir sözdür.**

O asla bir şaka(, oyun ve eğlence malzemesi) **değildir!** (Bilakis tümüyle ciddiyettir.)

Şüphesiz ki o (kâfir ola)**nlar** (Kur'ân'ın nurunu söndürmek için) **tam bir tuzak kurarak hile yapmaktadırlar.**

Ben de bir hile karşılığı olarak(, haklarındaki muradımı bilmedikleri bir yönden kendilerini azar azar helâke yaklaştırarak onlara) **ceza vermekteyim!**

(Habîbim!) **O halde sen kâfirlere mühlet ver.**

SALEVÂT-I KÜBRÂ

Ve onlar(ı cezalandırmay)ı **birazcık daha geciktir!**" *(Târık Sûresi:1-17)*

"**O bir şeyi**(n meydana gelmesini) **istediği zaman O'nun emri,** (harften ve sesten münezzeh olarak) **ona ancak: 'Var ol!' buyurmasıdır, böylece o da hemen meydana geliverir.**

(Tenzîh ve) **tesbîh O Zât'a ki; her şeyin** (görünen ve görünmeyen tüm yönleriyle) **gerçek mülkü O'nun** (kudret) **elindedir, siz de ancak O'na döndürüleceksiniz!**" *(Yâsîn Sûresi:82-83)*

"(Etrafında bulunan) **her yerden** rız(ı)k(lar)ı **oraya bolca gelmekteydi.**" *(Nahl Sûresi:112)*

"**Zaten** (kullar hiçbir şey yaratma imkânına sahip olamayıp, temin ettikleri imkânlar da sebebiyetten öte geçemediğine göre,) **rızık verenlerin en hayırlısı ancak Allâh'tır!**" *(Cuma Sûresi:11)*

"O bir şeyi(n meydana gelmesini) istediği zaman O'nun emri, (harften ve sesten münezzeh olarak) ona ancak: 'Var ol!' buyurmasıdır, böylece o da hemen meydana geliverir.

(Tenzîh ve) tesbîh O Zât'a ki; her şeyin (görünen ve görünmeyen tüm yönleriyle) gerçek mülkü O'nun (kudret) elindedir, siz de ancak O'na döndürüleceksiniz!" *(Yâsîn Sûresi:82-83)*

"(Dünyâ nimetlerinden) yanınızda bulunan şeyler (ne kadar çok ve uzun süreli olsalar da bir gün mutlaka) tükenecektir. Allâh nezdinde olan (dünyevî ve uhrevî mükâfat)lar ise devamlı kalıcıdır!" *(Nahl Sûresi:96)*

"O bir şeyi(n meydana gelmesini) istediği zaman O'nun emri, (harften ve sesten münezzeh olarak) ona ancak: 'Var ol!' buyurmasıdır, böylece o da hemen meydana geliverir.

SALEVÂT-I KÜBRÂ

(Tenzîh ve) **tesbîh O Zât'a ki; her şeyin** (görünen ve görünmeyen tüm yönleriyle) **gerçek mülkü O'nun** (kudret) **elindedir, siz de ancak O'na döndürüleceksiniz!**" *(Yâsîn Sûresi:82-83)*

"**Peki o, yüzü üstü tökezlenici bir halde** (düşe kalka) **yürüyen** (Ebû Cehil gibi) **kimse mi daha hidâyettedir, yoksa dosdoğru bir yol üzere dimdik yürüyen** (ve ayağı hiç kaymayan **Muhammed** *(Sallallâhu Aleyhi ve Sellem)* gibi) **bir zât mı?**" *(Mülk Sûresi:22)*

"**O bir şeyi**(n meydana gelmesini) **istediği zaman O'nun emri,** (harften ve sesten münezzeh olarak) **ona ancak: 'Var ol!' buyurmasıdır, böylece o da hemen meydana geliverir.**

(Tenzîh ve) **tesbîh O Zât'a ki; her şeyin** (görünen ve görünmeyen tüm yönleriyle) **gerçek mülkü O'nun** (kudret) **elindedir.**

SALEVÂT-I KÜBRÂ

Siz de ancak O'na döndürüleceksiniz!" *(Yâsîn Sûresi:82-83)*

"**Kureyş'i**(, yolculuklarında esenlik ve güvenliğe) **ülfet ettirdiği için;**

Onları kış(ın Yemen'e) **ve yaz**(ın Şam'a doğru yapacakları ticaret) **göçüne alıştırdığı için;**

İşte (bu nedenle) **ibadet etsinler şu Beyt'in Rabbine** (ki, Kâ'be-i Muazzama'yı fil ordusundan ve bütün tehlikelerden ancak O korumuştur);

O Zât'a ki; (leş yemeye muhtaç kaldıkları) **büyük bir açlıktan dolayı onları yedirmiştir.**

(Cüzzam ve veba gibi salgın hastalıkların korkusundan ve fil ordusu gibi saldırıların meydana getireceği) **şiddetli bir korkudan da onları güvenli kılmıştır!**" *(Kureyş Sûresi:1-4)*

SALEVÂT-I KÜBRÂ

"O bir şeyi(n meydana gelmesini) istediği zaman O'nun emri, (harften ve sesten münezzeh olarak) ona ancak:

'Var ol!' buyurmasıdır, böylece o da hemen meydana geliverir.

(Tenzîh ve) tesbîh O Zât'a ki; her şeyin (görünen ve görünmeyen tüm yönleriyle) gerçek mülkü O'nun (kudret) elindedir, siz de ancak O'na döndürüleceksiniz!" *(Yâsîn Sûresi:82-83)*

Ey **Rabb**'im! Ey **Rabb**'im! Ey **Rabb**'im! Ey **Allâh**! Ey **Allâh**! Yâ **Allâh**!

"Habîbim! İki cihan saadeti istiyorsan, Bana duâ ederken) **de ki:**

"**Ey mülkün Mâliki olan Allâh!** (Saltanat ve) **mülkü dilediğine verirsin, dilediğinden de mülkü çekip alırsın!**

Dilediğini (dünyâda yahut âhirette veya her ikisinde de yardım ve tevfîkıne mazhar kılarak) **aziz** (ve değerli) **edersin.**

SALEVÂT-I KÜBRÂ

Dilediğini de (iki cihanda rezîl-ü rüsvay ederek) **zelil** (ve alçak) **edersin!**

Bütün hayırlar (ve şerler) **ancak Senin** (kudret) **elindedir** (ki, onun mâhiyeti kullarca malum değildir).

Şüphesiz ki Sen (güçlü veya âciz kılma, yüceltme ya da alçaltma dâhil) **her şeye** (hakkıyla gücü yeten bir) **Kadîr'sin!**

(Gecenin saatlerinden bir kısmını eksiltip gündüze katarak) **geceyi gündüze girdirirsin,** (gündüzün saatlerini noksanlaştırıp geceye ilâve ederek) **gündüzü de geceye girdiri rsin.**

Ölüden diriyi çıkarırsın; diriden de ölüyü çıkarırsın! Dilediğini de (darlık ve fakirliğe uğratmadan) **hesapsız olarak rızıklandırırsın!"** *(Âli İmrân Sûresi:26-27)*

"**O bir şeyi**(n meydana gelmesini) **istediği zaman O'nun emri,** (harften ve sesten münezzeh olarak) **ona ancak:**

SALEVÂT-I KÜBRÂ

'Var ol!' buyurmasıdır, böylece o da hemen meydana geliverir.

(Tenzîh ve) **tesbîh O Zât'a ki; her şeyin** (görünen ve görünmeyen tüm yönleriyle) **gerçek mülkü O'nun** (kudret) **elindedir, siz de ancak O'na döndürüleceksiniz!"** *(Yâsîn Sûresi:82-83)*

"Ben şahitlikte bulunurum ki; **Allâhu Te'âlâ**'dan başka hiçbir ilah yoktur.

O tektir, hiçbir ortağı yoktur. Yine şahitlik ederim ki, şüphesiz **Muhammed** *(Sallallâhu Aleyhi ve Sellem)* O'nun kulu ve Rasûlüdür.

Ey **Allâh**! **Muhammed**'e ve **Muhammed**'in Ehl-i Beytine salât ve selâm eyle.

Ey bu ism-i şeriflerle ve âyet-i kerîmelerle görevli olan melekler ve rûhânîler! (İsteğimin yerine gelmesi için dâvetime) icâbet edin.

SALEVÂT-I KÜBRÂ

RAHMÂN VE RAHÎM OLAN ALLÂH'IN ADIYLA.

"(O,) **göklerin ve yerin Bedî'idir**(; eşsiz ve örneksiz yaratıcısıdır). **O bir iş**(in meydana gelmesin)**e hükmettiği zaman, ona ancak: 'Var ol!' buyurur, o da hemen meydana geliverir.**" *(Bakara Sûresi:117)*

"**O** (Meryem *(Aleyhesselâm)*)**: 'Benim için bir erkek çocuk nasıl olabilir? Oysa bana** (eş olarak) **hiçbir insan dokunmamıştır...' dedi.**" *(Meryem Sûresi:20)*

"**O** (Cebrâîl *(Aleyhisselâm)* da)**:**

'(Ey Meryem!) **İşte sana! Allâh dilediğini böylece** (hârikulâde bir şekilde) **yaratmaktadır!**

(Artık O'nun sana babasız bir çocuk verebileceğini yadırgama! Zira) **O** (bir şeyin meydana gelmesine karar verip) **bir işe hükmettiği zaman, ona ancak** (harften ve sesten münezzeh olarak)**:**

SALEVÂT-I KÜBRÂ

'Var ol!' buyurur da hemen meydana geliverir.

(Dolayısıyla senin Rabbin, yaratmak istediği şeyleri bazen birtakım sebepler ve ana maddelerle yarattığı gibi, dilerse de hiç bir sebebe dayanmaksızın yoktan yaratabilir.)' **demişti.**" *(Âli İmrân Sûresi:47)*

"**Allâh nezdinde Îsâ'nın** (babasız olarak yaratılmasının) **şaşılacak durumu, gerçekten Âdem'in garip hâli gibidir.**

O (Allâh-u Te'âlâ) **onu**(n bedenini, ana ve baba aracılığı olmaksızın, kuru, kara ve kokmuş) **bir topraktan yaratmış, sonra kendisine: 'Var ol!' buyurmuştu, o da hemen** (canlı ve mükemmel bir insan olarak) **meydana gelivermişti!**" *(Âli İmrân Sûresi:59)*

"**Ancak O'dur O Zât ki; gökleri ve yeri hak**(lı bir neden ve ins-ü cinnin imtihan yeri olması gibi büyük bir hikmet) **ile yaratmıştır.**

SALEVÂT-I KÜBRÂ

O'nun(, yaratmak istediği bir şeye,) **hak** (ve hikmete dayalı) **olan buyruğu,** (harften ve sesten münezzeh olarak) **'Var ol!' buyurduğu vakitte** (gerçekleşmekte)**dir ki, o da hemen meydana gelmektedir.**

(Dolayısıyla mükevvenâttaki hiçbir şey, **Allâh-u Te'âlâ**'nın hikmetli emrinden hariç bir şekilde meydana gelemez.)" *(En'âm Sûresi: 73)*

"(Bizim istediğimizi yapma gücümüzü uzak görmenin hiçbir mantıklı îzâhı olamaz. Zira) **Biz bir şeyi**(n meydana gelmesini) **istediğimiz zaman ona buyruğumuz,** (harften ve sesten münezzeh olarak) **ancak ona: 'Var ol!' buyurmamızdır ki, o da hemen meydana geliverir.**" *(Nahl Sûresi: 40)*

"**Çocuk edinmek Allâh için asla olacak bir şey değildir!** (Çocuk edinmekten, tenzîh, takdîs, arılık ve) **tesbîh O'na!**

SALEVÂT-I KÜBRÂ

O, bir şey(i meydana getirmey)**e karar verdiği zaman ona ancak** (harften ve sesten münezzeh olarak): **'Var ol!' buyurur, o da hemen meydana geliverir."**
(Meryem Sûresi:35)

"O bir şeyi(n meydana gelmesini) **istediği zaman O'nun emri,** (harften ve sesten münezzeh olarak) **ona ancak: 'Var ol!' buyurmasıdır, böylece o da hemen meydana geliverir.** *(Yâsîn Sûresi:82)*

"Ancak O'dur O Zât ki; (ölüleri) **diriltmektedir ve** (dirileri) **öldürmektedir!**

O, bir iş(in meydana gelmesin)**e hükmettiği zaman, ona ancak "Var ol!" buyurur, o da hemen meydana geliverir."** *(Mü'min Sûresi:68)*

Ey **Allâh**! Bu âyetler hakkı için ve bunlarda bulunan sırlar bahşi için; iki cihanda da murâdımı ver. Şüphesiz ki Sen herşeye hakkıyla gücü yetensin. Âmîn.

SALEVÂT-I KÜBRÂ

BU DUÂNIN FAZÎLETİ

Bu duâda, Kur'ân-ı Kerîmin bir çok âyet-i kerîmesinde geçen;

$$\text{"كُنْ فَيَكُونُ"}$$

"(Allâh-u Te'âlâ yaratmak istediği herhangi bir şeye) 'Var ol!' (buyurur,) o da hemen var olur"

mânâsına gelen "Kün feyekûn" kavl-i şerîfi bulunan tüm âyetler zikredildiği için bu duâyı ihlas ile okuyanların kısa bir zaman içinde hayırlı muradları hâsıl olur.

Hadîs-i şerîfte:

$$\text{"خُذْ مِنَ الْقُرْاٰنِ مَا شِئْتَ لِمَا شِئْتَ."}$$

"Kur'ândan dilediğin şeyi, dilediğin niyete al." buyrulduğu üzere, bu duâyı okuyan kişi, **Allâh-u Te'âlâ**'nın: "Ol" emrinin, kendi murâdına yöneldiğine itikat etmesi hâlinde daha çabuk tesir görür.

MEŞÎET DUÂSI

SALEVÂT-I KÜBRÂ

MEŞÎET DUÂSI

بِسْمِ اللهِ الرَّحْمَنِ الرَّحِيمِ

"اَللّٰهُمَّ اجْعَلْ مَا أَشَاءُ مُوَافِقًا لِمَا تَشَاءُ كَىْ لاَ يَصِيرَ مَا أَشَاءُ مُخَالِفًا لِمَا تَشَاءُ. وَمَا أَنَا حَتَّى أَشَاءُ خِلاَفَ مَا اللهُ يَشَاءُ؟ لَوْ جَاهَدَ الْعَبْدُ وَشَاءَ، مَا كَانَ إِلاَّ مَا تَشَاءُ. فَالْطُفْ بِنَا فِى مَا تَشَاءُ وَمَا تَشَائُونَ إِلاَّ أَنْ يَشَاءَ اللهُ رَبُّ الْعَالَمِينَ."

RAHMÂN VE RAHÎM OLAN ALLÂH'IN ADIYLA.

Ey **Allâh**! Benim dilediğim şeyleri, Senin dilediklerine muvâfık eyle ki benim dilediklerim, Senin dilediklerine muhâlif olmasın.

SALEVÂT-I KÜBRÂ

Ben kimim ki **Allâh**'ın dilemekte olduğu şeyin hilâfını dileyeyim.

Kul ne kadar çabalasa da, dileklerde bulunsa da, Senin dilediğinden başka bir şey olmaz.

O halde dilediğin şeyler hakkında bize lütfunla muamele et.

Âlemlerin Rabbi olan Allâh dilemedikçe siz dileyemezsiniz.

BU DUÂNIN HÂSSASI

Her kim bu duâyı herhangi bir amelin akabinde okursa **Allâh-u Te'âlâ** *onun hâcetini görür ve ne murâdı varsa zararsız bir şekilde biiznillâh murâdına nâil olur.*
(Abdurrahîm Yûsuf, es-Salevâtü'l-kübrâ, 61)

RIZIK DUÂSI

SALEVÂT-I KÜBRÂ

RIZIK DUÂSI

بِسْمِ اللهِ الرَّحْمٰنِ الرَّحِيمِ

"اَللّٰهُمَّ لَكَ الْحَمْدُ شُكْرًا وَلَكَ الْمَنُّ فَضْلًا وَاَنْتَ رَبُّنَا حَقًّا وَنَحْنُ عَبِيدُكَ رِقًّا وَاَنْتَ لِذٰلِكَ اَهْلًا. اَللّٰهُمَّ يَا مُيَسِّرَ كُلِّ عَسِيرٍ! يَسِّرْ لِى كُلَّ عَسِيرٍ، كُلُّ عَسِيرٍ عَلَيْكَ يَسِيرٌ. يَا جَابِرَ الْعَظْمِ الْكَسِيرِ! يَا فَكَّاكَ الْأَسِيرِ! يَا مَنْ لَا يَحْتَاجُ اِلَى الْبَيَانِ وَالتَّفْسِيرِ! حَاجَاتُنَا اِلَيْكَ كَثِيرٌ، وَاَنْتَ بِنَا بَصِيرٌ، اِنَّكَ عَلٰى كُلِّ شَيْئٍ قَدِيرٌ. اَللّٰهُمَّ يَا مُقْسِطُ، يَا حَىُّ يَا قَيُّومُ، يَادَافِعُ، يَا قَهَّارُ، اِقْهَرْ لِى

SALEVÂT-I KÜBRÂ

مَنْ أَرَادَنِى بِضُرٍّ بِقَهْرِكَ. يَا مَنْ اَخْرَجَ آدَمَ مِنَ الْجَنَّةِ وَرَدَّهُ، وَأَيُّوبَ مِنْ ضُرِّهِ شَفَيْتَهُ وَيَا مَنْ جَعَلَ اَعْدَاءً لِمُوسَى وَنَجَّيْتَهُ، وَمَنْ رَفَعَ عِيسَى إِلَى السَّمَاءِ اِرْفَعْ دَرَجَاتِى. وَيَا مَنْ جَعَلَ يُونُسَ فِى بَطْنِ الْحُوتِ وَخَرَّجْتَهُ، وَمَنْ نَجَّا نُوحًا مِنْ مَاءِ الطُّوفَانِ وَقَوْمِهِ نَجِّنِى، وَيَا مَنْ سَلَّمَ إِبْرَاهِيمَ مِنْ نَارِ نَمْرُودَ سَلِّمْنِى مِنْ كُلِّ فَزَعٍ وَحَزَنٍ وَهَمٍّ وَغَمٍّ وَضُرٍّ وَشَرٍّ وَفَقْرٍ وَمِنْ كُلِّ ذِى شَرٍّ وَمِنْ جَمِيعِ مَصَائِبِ الدُّنْيَا وَالْآخِرَةِ. يَا أَرْحَمَ الرَّاحِمِينَ وَيَا مَنْ أَخْرَجَ يُوسُفَ مِنَ الْجُبِّ وَزَيَّنْتَهُ بِالْحُسْنِ،

SALEVÂT-I KÜBRÂ

يَا قَدِيمَ الْإِحْسَانِ إِحْسَانُكَ الْقَدِيمُ يَا دَائِمُ يَا قَائِمُ يَا كَرِيمُ حَسْبُنَا اللهُ وَنِعْمَ الْوَكِيلُ نِعْمَ الْمَوْلَى وَنِعْمَ النَّصِيرُ وَاَيُّوبَ اِذْ نَادَى رَبَّهُ اَنِّي مَسَّنِيَ الضُّرُّ وَاَنْتَ اَرْحَمُ الرَّاحِمِينَ فَاسْتَجَبْنَا لَهُ فَكَشَفْنَا مَا بِهِ مِنْ ضُرٍّ وَاٰتَيْنَاهُ اَهْلَهُ وَمِثْلَهُمْ مَعَهُمْ رَحْمَةً مِنْ عِنْدِنَا وَذِكْرَى لِلْعَابِدِينَ."

RAHMÂN VE RAHÎM OLAN ALLÂH'IN ADIYLA.

Ey **Allâh**! Şükür olarak yapılacak tüm hamdler ancak Sana mahsustur.

Lütuf olarak yaptığın iyilikler ancak Sana aittir. Sen bizim hakîkî Rabbimizsin. Biz Senin gerçek kölelerininiz. Sen buna tamamen lâyıksın.

SALEVÂT-I KÜBRÂ

Ey **Allâh**! Ey bütün zorları kolaylaştıran! Bütün zorları bana kolay et. Her zor Sana çok kolaydır.

Ey kırık kemiği kaynatan! Ey esirin esâret bağlarını çözen! Ey beyan ve tefsire muhtaç olmayan!

Bizim Sana ihtiyaçlarımız çoktur. Sen bizi hakkıyla görensin ve şüphesiz Sen herşeye hakkıyla gücü yetensin.

Ey **Allâh**! Ey **Muksit** (adâlet sâhibi)!

Ey **Hayy** (hakîkî hayat sâhibi)!

Ey **Kayyûm** (herşeyi ayakta tutan)!

Ey **Allâh**! Ey **Muksit** (adâlet sâhibi)!

Ey **Hayy** (hakîkî hayat sâhibi)!

Ey **Kayyûm** (herşeyi ayakta tutan)!

Ey **Dâfi'** (belâları savuşturan)!

Ey **Kahhâr** (kahrıyla herşeye galip gelen)!

Benim hakkımda bir zarar dileyeni kahrınla benim için kahret.

SALEVÂT-I KÜBRÂ

Ey **Âdem**'i cennetten çıkarıp geri döndüren!

Ey **Eyyûb**'ün hastalığına şifa veren!

Ey **Mûsâ**'ya düşmanlar belirleyip onu kurtaran!

Ey **Îsâ**'yı göklere kaldıran. Benim derecemi yükselt.

Ey **Yûnus**'u balığın karnına girdirip sonra çıkaran!

Ey **Nûh**'u tufan suyundan ve kavminden kurtaran! Beni de kurtar.

Ey **İbrâhîm**'i Nemrud'un ateşinden selâmete çıkaran!

Her türlü dehşetten, üzüntüden, gamdan, kederden, zarardan ve şerden, fakirlikten ve şer sahibinden, dünyâ ve âhiret musîbetlerinin tümünden bana selâmet ver.

Ey acıyanların en merhametlisi!

SALEVÂT-I KÜBRÂ

Ey acıyanların hepsinden fazla rahmet eden!

Ey **Yûsuf**'u kuyudan çıkarıp güzellikle tezyin eden!

Ey ihsânı kadîm olan! Senin iyiliğinin evveli yoktur.

Ey **Dâim** (sonu olmayan)!

Ey **Kaim** (herşeyi görüp gözeten)!

Ey **Kerîm** (kerem sahibi)! **Allâh** bize yeter, O ne güzel **Vekil**'dir! Ne güzel **Mevlâ** ve ne güzel **Nasîr** (yardım eden)dir.

"(Habîbim!) **Eyyûb'u da** (hatırla)!

Hani o, (şiddetli bir hastalığa tutulmuş da, senelerce sabrettikten sonra artık namaza kalkacak güç bulamayınca) **Rabbine** (dua ve) **çağrıda bulunmuştu ki:**

'Gerçekten de ben; bedenime âit bir zarar dokundu bana! Sen ise, acıyanların en merhametlisisin!'

SALEVÂT-I KÜBRÂ

Biz hemen o(nun duâsı)na tam bir icâbette bulunmuş ve kendisinde bulunan bedenî zararı aç(ıp kaldır)mıştık.

Tarafımızdan büyük bir rahmet (eseri açıklamak) ve ibadet edenlere bir öğüt(ve sabır örneği) olsun diye de, (ölmüş olan çocuklarını diriltip, yaşlanmış olan eşini de gençleştirerek) ona âilesini ve (bir o kadar evlat ve torun bağışlayarak) beraberlerinde onların bir mislini (geri) vermiştik." *(Enbiyâ Sûresi:84)*

SALEVÂT-I KÜBRÂ

BU DUÂNIN HÂSSASI

Her kim bu duâyı, hergün üç veya yedi kere okursa **Allâh-u Te'âlâ** onun bütün zarar, sıkıntı ve kederini açar.

Bir musîbete uğratılmışsa veya hapse konmuşsa **Allâh-u Te'âlâ** onu halâs eder.

Bu duâyı kırkbir veya yetmişbir kere okuyanı ise **Allâh-u Te'âlâ** hiç beklemediği yerden rızıklandırır.

Bu duânın sayısız ve sınırsız daha bir çok faydaları da vardır.

Herşeyin hakîkatini bilen ancak **Allâh-u Te'âlâ**'dır. *(Abdurrahîm Yûsuf, es-Salevâtü'l-kübrâ, 62-64)*

SALEVÂT-I KÜBRÂ

FİHRİST:

Önsöz 5-6
SALEVÂT-I KÜBRÂ 7
Salevât-ı kübrâ ve fazîletleri 9-17
Salevât-ı kübrâ'nın metni 18-25
Salevât-ı kübrâ'nın tercemesi 25-34
KÜN FEYEKÛN DUÂSI 35
"Kün feyekûn" duâsının metni 37-46
"Kün feyekûn" duâsının tercemesi ...47-70
"Kün feyekûn" duâsının fazîleti 71
MEŞÎET DUÂSI 73
Meşîet duâsının metni 75
Meşîet duâsının tercemesi 75-76
Meşîet duâsının hâssası 76
RIZIK DUÂSI 77
Rızık duâsının metni 79-81
Rızık duâsının tercemesi 81-85
Rızık duâsının hâssası 86
Fihrist 87